AF567301

Heinz Stade

Das kleine Buch der Thüringer Burgen

Rhino Westentaschen-Bibliothek
Band 24

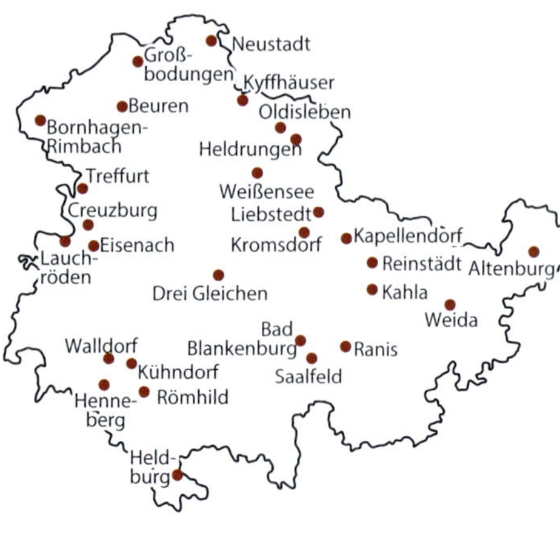
Neustadt
Groß-
bodungen
Kyffhäuser
Beuren
Oldisleben
Bornhagen-
Rimbach
Heldrungen
Treffurt
Weißensee
Creuzburg
Liebstedt
Eisenach
Kromsdorf
Kapellendorf
Lauch-
röden
Reinstädt
Altenburg
Drei Gleichen
Kahla
Weida
Bad
Blankenburg
Walldorf
Ranis
Kühndorf
Saalfeld
Henne-
berg
Römhild
Held-
burg

Heinz Stade

Das kleine Buch der THÜRINGER BURGEN

Trotz gewissenhafter Bearbeitung kann eine Haftung für den Inhalt nicht übernommen werden. Für aktuelle Ergänzungen und Anregungen ist der Verlag jederzeit dankbar.

Wir bedanken uns bei allen, die uns unterstützt haben.

Fotos: Seiten 9, 10, 23–25, 28/29, 48/49, 55, 70, 82, 89: Dr. Lutz Gebhardt; Seite 12/13: Die Ziegler (CC-BY-SA 3.0); Seite 15, 36: Rainer Kunze (CC-BY-SA 3.0); Seite 16/17: Dirk Schmidt (CC-BY-SA 3.0); Seite 19: Sammlung Wolfgang Sauber; Seite 20, 27, 30, 58: Henry Czauderna; Seite 34/35: Rainer Salzmann, Wartburg-Stiftung; Seite 40/41: Tilman2007 (CC-BY-SA 3.0); Seite 44: Heike Straßburg; Seite 46: Dietrich Krieger (CC-BY-SA 3.0); Seite 53: Misburg3014 (CC-BY-SA 3.0); Seite 57: Sophie von Eichborn (CC-BY-SA 3.0); Seite 61: Tourismusverband Kyffhäuser e.V., Sondershausen-Information; Seite 62/63: Marcus Kircher (CC-BY-SA 3.0); Seite 65: Dennis Gebhardt; Seite 66: Greedragon (CC-BY-SA 3.0); Seite 72/73: B80 (CC-0 1.0); Seite 77: Michael Sander (CC-BY-SA 3.0); Seite 78/79: Dietrich Krieger (CC-BY-SA 3.0); Seite 80: Anette Cotta; Seite 84/85: Heinrich Freiherr von Berlepsch (CC-BY-SA 3.0); Seite 87: Archiv der Stadt Weida

Impressum

Am Hang 27, 98693 Ilmenau
Tel.: 03677/46628-0, Fax: 03677/46628-80
www.RhinoVerlag.de

Titelbild: Wachsenburg; ArtHdesign, fotolia.com
Layout, Satz: Verlag ***grünes herz***®, Sibylle Senftleben
Schrift: Adobe Garamond Pro
Titelgestaltung: Jana Rogge, Weimar

3. Auflage 2021
ISBN: 978-3-95560-024-2

Inhaltsverzeichnis

Vorwort des Autors

Im deutschsprachigen Raum existieren rund 17.000 Burgen. Das Thüringer Denkmalbuch weist davon auf dem Territorium des Freistaats 83 aus. Tatsächlich muss man hier nach Burgen nirgendwo lange suchen – sie begegnen einem gewissermaßen auf Schritt und Tritt. Aus vielerlei Gründen zumeist auf einem hohen Bergsporn errichtet, grüßen die steinernen Zeugen kriegerischer wie friedlicher Zeiten meist schon von fern. Das blieb und bleibt auch Film- und Fernsehleuten nicht verborgen. So waren beispielsweise die Wartburg (Seiten 30–35), die Drei Gleichen (Seiten 24–29), Burg Hanstein (Seiten 16–19), das Kyffhäuser-Areal (Seiten 58–61) oder die Wasserburg Heldrungen (Seiten 44/45) schon historisch und baulich interessante Kulisse für diverse Produktionen.

Als Bauwerke repräsentieren die meist landschaftsprägenden Anlagen Epochen von der Völkerwanderung bis in die Neuzeit. Märchen, Sagen, Ritterliteratur und Merkwürdigkeiten vom Lebensalltag der Bewohner ranken sich seit Generationen um die Residenzen, Adelssitze und zeitweiligen Räuberburgen. Das auf der Veste Heldburg 2016 eröffnete Deutsche Burgenmuseum gibt erstmals einen Überblick der Burgengeschichte vom frühen Mittelalter bis zum Historismus. Es setzt gängigen Klischees über das Ritterleben ein Ende. Die landschaftlich und geografisch hervorragende Lage der Heldburg auf der einen Seite und die Tatsache, dass es ein über das Lokale beziehungsweise Regionale hinausgehendes Burgenmuseum europaweit nicht gibt, sieht man als Garant für den Erfolg des neuen Museums. Die „Burgenstraße Thüringen" (Seite 91) versteht sich dazu als natur- und landschaftsbezogene Ergänzung. Mit dem kleinen Thüringer Burgenbuch haben Sie eine informative, anregende und vielseitige Einladung zum Besuch Thüringer Burgen in der Hand.

Heinz Stade

Burg Posterstein

Etwa 20 Kilometer entfernt von Altenburg liegt an der Reußischen Fürstenstraße die Burg Posterstein. Unumstrittener „Star" der sich auf einem natürlichen Felsvorsprung erhebenden mittelalterlichen Höhenburg ist der zirka 800 Jahre alte, 25 Meter hohe runde Bergfried mit seinen drei Meter starken Mauern. Er stand ursprünglich frei im Hof und sein Eingang befand sich in 12 Meter Höhe. Von der alten, seit dem 15. Jahrhundert immer wieder umgebauten und erweiterten, einst nur „Stein" genannten Burg, künden noch einige Spolien. Teile der überbauten Ringmauer, der Flankierungstürme im Westen sowie Reste des einst sechs Meter breiten und ebenso tiefen Halsgrabens an der Zugangsseite zur Burg, seien erwähnt. Um den Burgkomplex gab es im Laufe der Jahrhunderte mehrere Konflikte und zahlreiche Besitzerwechsel. Unter den Eigentümern war auch eine Familie Puster, auf die sich der heutige Name der Burg zurückführen lässt. Nachdem die militärische Nutzung der Anlage

Burg Posterstein

sinnlos geworden war, wurde sie in mehreren Phasen umgebaut. In der Zeit, als die Burg Sitz eines Rittergutes war, ließ sich hier Rudolf Dietzen, der als Schriftsteller Hans Fallada bekannt wurde, zum Landwirt ausbilden.

In den Mauern der Burg fand ein regionalgeschichtliches Museum seinen Platz. Informiert wird darin über die Kulturgeschichte des Altenburger Landes, so auch über den Musenhof Löbichau (1796–1821) der Herzogin Anna Dorothea von Kurland. In der kleinen spätgotischen Burgkirche versteckt sich ein einmaliges barockes Schnitzwerk aus dem 17. Jahrhundert.

Burg Greifenstein bei Bad Blankenburg

„[...] von Schwarzburg auf Blanckenburg ist ein fürtrefflicher Weg der Schwarze nach, durch ein tiefes Thal zwischen Fels und Wald Wänden [...]", schrieb ein begeisterter Johann Wolfgang Goethe im Juli 1781 an Charlotte von Stein. Reisende, ob zu Fuß, per Fahrrad oder Kutsche, zieht das Schwarzatal seit Jahrhunderten an. Nähert man sich in diesem der Stadt Bad Blankenburg, so rückt auf dem knapp 400 Meter hohen Plateau des Hausberges eine mächtige, teils ruinöse Burg, ins

Blickfeld. Mit etwa 250 Metern in der Länge und zirka 80 Metern in der Breite, gehörte die von herrlichen Buchen gesäumte Anlage zu den größten deutschen Feudalburgen. Der im 13. Jahrhundert erstmals erwähnte, jedoch erst ab dem 17. Jahrhundert als Greifenstein geläufige Bau wurde zum Wahrzeichen der Stadt. Auf Schloss Blankenberg, wie die Burg zuweilen hieß, wurde 1304 Günter der XXI. geboren, der am 30. Januar 1349 zum deutschen König gewählt wurde. Das seit dem 16. Jahrhundert verfallende „castrum Blancinberc" erfuhr in dem von Burgenromantik geprägten 19. Jahrhundert gewisse Instandsetzungsarbeiten; ab 1925 wurde der Palas ausgebaut. Vom Turm lässt sich weit ins Tal und auf die umliegenden Höhen schauen. In der mit zahlreichen Veranstaltungen aufwartenden Burg informiert ein kleines Museum über die Geschichte des einstigen Schlosses der Schwarzburger Landesherren. Mehrere gastliche Räume laden zur Einkehr ein, eine Falknerei imponiert mit den Flugvorführungen der Tiere. Regelmäßig eingeladen wird zu Konzerten, Festen und Märkten.

Burg Greifenstein

Burg Scharfenstein in Beuren (Eichsfeld)

Fast 500 Meter hoch auf einem Vorsprung des Dün gelegen, breitet sich vor den Augen der Besucher von Burg Scharfenstein ein unvergleichliches Landschaftspanorama aus. Die of-

fenen Täler markieren riesige Felder, das satte Grün von Wiesen und Sträuchern. Richtung Horizont zeigt sich mit der von Wäldern umgebenen Burg Bodenstein ein weiteres Highlight unter den Burgen des Obereichsfeldes. Dahinter erheben sich die Berge des Harzes, allen voran bei guter Fernsicht der Brocken. Das alles soll aber nicht ablenken von der in ihren Hauptteilen aus dem 16. Jahrhundert stammenden Burg Scharfenstein.
Dass das traditionsreiche Ausflugsziel wieder zu einem touristisch attraktiven Anziehungspunkt wurde, vergleichen manche mit einem Wunder. Unterschiedliche Nutzungen in DDR-Zei-

Burghof der Burg Scharfenstein

ten (u. a. als Kinderferienlager) und damit einhergehende, wenig sensible Um- und Anbauten, jahrelanger Leerstand nach 1989 sowie ein sehr unglücklich verlaufener zeitweiliger Privatbesitz haben dem aus Vor- und Hauptburg bestehenden Ensemble teils schwer zugesetzt. Für das „Wunder“ sorgte schließlich die Stadt Leinefelde-Worbis, indem sie die über ihrem Ortsteil Beuren sich erhebende Burg erwarb.
Seither hat sich das Burgensemble von einer „grauen Maus“ zum farbigen, lebensfrohen Begegnungsort entwickelt. Ein kleines, feines Hotel mit Restaurant, eine „Whiskyerlebniswelt“ mit hauseigener Destille, eine im Werden begriffene Ausstellung zur Historie der Burg, welche die attraktive Ausflugsterrasse „Ringmauer“ einbezieht sowie der vor Jahren vollendete Erschließungsbau, von dem sich auch gut in die Ferne schauen lässt, markieren diese Entwicklung.
Den Planern, Bauherren und Denkmalpflegern ist es ausgezeichnet gelungen, eine zeitgemäße Nutzung mit all ihren technischen Anforderungen und Parametern in das kom-

plizierte Gefüge einer mittelalterlichen Burg zu integrieren und eine Symbiose zwischen mittelalterlicher Architektur und moderner anspruchsvoller Gestaltung herzustellen.

Nordwestseite der Kernburg

Burg Hanstein in Bornhagen-Rimbach

Hoch über der Werra, deren blaues Band sich durch den Hessen und Thüringen verbindenden Naturpark Eichsfeld-Hainich-Werratal zieht, erhebt sich die mächtige Ruine der spätgotischen Burg Hanstein. Neben der Werra prägt eine zweite Linie dieses bemerkenswerte Stück Eichsfeld, das „Grüne Band". Dessen Entstehung hat mit jener Zeit zu tun, von der ein großer Gedenkstein erzählt, der am Fuß von Burg Hanstein, auf dem Weg zwischen Bornhagen und Werleshausen, ein wenig abseits der

Landstraße zu finden ist. Auf diesem steht unter anderem: „Am 19. Januar 1990 öffnete sich vor der Burg Hanstein der Eiserne Vorhang. Es war ein denkwürdiger Tag und fröhliche Musik verschönte die langersehnte Stunde. Weit über 40 Jahre wurden deutsche Menschen durch Stacheldraht, Tretminen, Wachhunde und Schießbefehl voneinander getrennt. Wir sollten dies nicht verschweigen, auch nicht vergessen.“

Burg Hanstein

Die stattlichen Reste der 1070 erstmals erwähnten Burg Hanstein stammen aus dem 14. Jahrhundert. Mehrfach war die Veste Brennpunkt territorialer Auseinandersetzungen, immerhin 30 Versuche der Belagerung überstand sie. Doch schon im Dreißigjährigen Krieg war der spätgotische Bau militärisch bedeutungslos geworden; die letzten Bewohner verließen den Hanstein im ausgehenden 17. Jahrhundert. Die unregelmäßige Kernburg mit ihren hoch aufragenden runden Türmen umschließt einen engen fünfeckigen, nur über eine Zugbrücke zu erreichenden Hof. Spätestens beim Verlassen der Burg muss der Jurist und Schriftsteller Theodor Storm (1817–1888) zu Worte kommen, der von Heiligenstadt aus im Oktober 1857 die „Göttinger Gleichen", wie er Hanstein und den in Sichtweite gegenüberliegenden Ludwigstein nennt, besuchte. „Ich weiß nicht", schrieb er nach der Tour in einem Brief, „dass ich schon jemals von der zauberhaften Schönheit eines Erdenfleckens so innerlichst berührt worden wäre. […] Wenn man auf die Wälder schaut,

Postkarte der Burg Hanstein, ca. 1914

so mag's noch ebenso aussehen als damals, da die alten Herren von ihren Adelsnestern hier ins Tal hinabsahen".

Ganz in der Manier der „alten Rittersleut'" empfangen und betreut wird man als Gast im unterhalb des Hansteins zu findenden Wirtshaus „Klausenhof" mit seiner historischen Herberge.

Die Creuzburg

„Aber des Tales Krone ist Creuzburg. Denn wo der Werra rauschende Flut [...] einen mühsamen Weg sich gebahnt, da reihen sich des Städtleins Ziegeldächer zu der engen, baumdurchblühten Schlucht hinein. Und von der Felsenstirne herab, die zur Linken das Städtlein begrenzt, blickt die Perle jener Krone, blickt die altehrwürdige Burg gar wundersam dich an." Dem schreibfreudigen Thüringer Pfarrer und Chronisten Heinrich Schwerdt (1810–1888) ist diese romantische Beschreibung der Kleinstadt an der Werra zu danken. Das an gegenwärtigen Lesegewohnheiten gemessene Sperrige daran einmal „überlesen", begegnet dem Reisenden unserer Tage die Creuzburg und die sich an selbige schmiegende gleichnamige Stadt samt Umgebung nicht minder einprägsam.
Für die Herkunft des Namens Creuzburg gibt es mehrere Erklärungen. Eine davon führt in die Mitte der zwischen 1165 und 1170 errichteten Burganlage, in den so genannten Schlosshof. Dort empfängt den Besucher ein

überlebensgroßes, nur leicht verwittertes Kreuz aus Holz. Dieses soll der auch Thüringen missionierende Benediktinermönch und spätere Erzbischof von Mainz, Bonifatius, persönlich just an dieser Stelle aufgestellt haben. Dieser sich in Thüringen mehrfach wiederholende Akt von Bonifatius, der von 672/73 bis zu seiner Ermordung 754 lebte, stützt in gewisser Weise die Feststellung von Historikern und Archäologen, dass an dieser Stelle zu karolingischer Zeit bereits ein zunächst unbefestigter fränkischer Königshof bestanden haben muss. Bis zur erstmaligen Nennung als „Cruciburg“ wird dieser in den Akten als Milingen bezeichnet.

Auf dem Weg zu diesem Kreuz wird auf einer Tafel den Mitgliedern der Interessengemeinschaft Creuzburg „für die aufopferungsvolle Arbeit zur Erhaltung und Rekonstruktion der Burg in den Jahren 1981 bis 1990“ gedankt. Wer eine konkrete Vorstellung davon bekommen will, welche Leistungen mit dieser schlichten Feststellung gewürdigt werden, der schaue sich im Museum der Burg unbedingt Fotos jener Jahre an. Die „kleine Schwester der Wartburg", wie man die Creuzburg auch betitelt, wurde bis in das 18. Jahrhundert mehrfach erweitert beziehungsweise umgebaut. Der älteste und einzige erhaltene Raum aus der romanischen Bauzeit ist die als Elisabeth-Kemenate bezeichnete, schlicht ausgestattete kleine Halle im so genannten Turmhaus. Die schon bald nach ihrem frühen Tod heilig gesprochene Landgräfin Elisabeth (1207–1231) weilte oft und für längere Zeit auf der Creuzburg. Von der Burg hat man einen Blick auch auf die am Ufer der Werra stehende spätmittelalterliche Liboriuskapelle und die zu ihr führende, 1233 errichtete steinerne Werrabrücke.

Historische Werrabrücke mit Liboriuskapelle

Die Drei Gleichen

Selbst wer Thüringen auf der Bundesautobahn 4 zwischen Gotha und Erfurt im Höchsttempo passiert, kann die dort sich erhebenden „Drei Gleichen" – eine der bekanntesten Burgengruppen Deutschlands – nicht übersehen. Warum aber dieses von Flussläufen, Quellen und Bächen, von Keuperhängen, ansehnlicher Flora und üppiger Vogelwelt geprägte schöne Stück Burgenland zum Namen „Drei Gleichen" kam, ist stichhaltig ungeklärt bis heute. Anders als es der Begriff für das Dreigestirn

vorgibt, haben die Ruine Mühlburg, die Reste der Burg Gleichen und die von allen dreien am besten erhaltene Veste Wachsenburg so gar nichts gemeinsam. Was sie eint, ist ihre populäre Historie sowie ihre ungebrochen starke Anziehungskraft und Wirkung auf Besucher.
Die sich über dem Fachwerkdorf Mühlberg erhebende Ruine der Mühlburg ist die älteste der drei. Sie wurde bereits 704 urkundlich erwähnt. Der Schriftsteller Gustav Freytag (1816–1895) setzte Ort und Burg in seiner Romantrilogie „Die Ahnen" literarisch ein Denkmal. Auf einem Sporn gegenüber

Die Wachsenburg

der Mühlburg drängt sich die nach ihren einstigen gräflichen Besitzern genannte Burg Gleichen (auch als Wanderslebener Gleiche geläufig) ins Landschaftsbild. Sie ist die geschichtlich und bauhistorisch facettenreichste unter den dreien. In schriftlichen Überlieferungen taucht Burg Gleichen erstmals in der Endphase des Krieges aufständischer Thüringer und Sachsen gegen den salischen Kaiser Heinrich IV. auf. Die Chronik spricht von einer großen Belagerung der damals wahrscheinlich hölzernen Burg zwischen August und Dezember 1088. Archäologische Untersuchungen unter dem heute sichtbaren Bestand förderten Befunde zutage, welche auf die steinerne Bebauung des Burgberges ab dem zweiten Viertel des 12. Jahrhunderts deuten. Dieser Zeitraum kann mit der Belehnung der Grafen von Tonna mit der Burg Gleichen in Zusammenhang gebracht werden. Außerordentliche Popularität verschaffte der Burg und dem zu ihren Füßen sich ausbreitenden Freudental die Legende einer gräflichen Doppelehe, die auch im Bildprogramm des Erfurter Rathauses zu finden ist. Nach einem

Die Mühlburg

großen Sängerfest im Jahr 1842 auf der Burg begann der damalige Besitzer General von Müffling zugunsten eines privaten Bauvorhabens damit, die Burg zu „demontieren". Diverse Proteste blieben ungehört, Burg Gleichen wurde endgültig zur Ruine. Dritte im Bunde der Gleichen ist die zu prächtiger Aussicht einladende, seit 1996 als Hotel betriebene Veste Wachsenburg. Nach 932 durch Abt Megingoz von Hersfeld gegründet, erlebte die Anlage bis in das 17. Jahrhundert

ungewöhnlich viele Besitzerwechsel – samt damit einhergehender Baufälligkeit. Das heutige Erscheinungsbild der Veste Wachsenburg stammt vor allem aus dem 18. und 19. Jahrhundert. Im unterhalb der Burg liegenden Dorf Holzhausen wurde der als Nestor der Thüringer Landschaftsmalerei verehrte Künstler Otto Knöpfer (1911–1993) geboren. Nach ihm ist ein attraktives Teilstück einer Tageswanderung durch das Gebiet der Drei Gleichen benannt.

Die Burg Gleichen

Die Wartburg

Wartburg bei Eisenach

Die Wartburg, so überlieferte der Meininger Hofbibliothekar und Schriftsteller Ludwig Bechstein (1801–1860), „ist der Zentralstern der thüringischen Geschichte, und schmükkend klammerte sich grüner Sagenefeu ringsumher an Burgmauern, Felszacken und Höhlengeklüft, gleichsam den heiter bestätigenden oder erläuternden Bilderschmuck solch reichhaltigen Buches abgebend." Im Dezember 1999 wurde das hoch über Eisenach ins Umland grüßende geschichtsträchtige Bauwerk als erste deutsche Burg überhaupt in die Welterbeliste der UNESCO aufgenommen. Sie sei, wie in der entsprechenden Urkunde zu lesen, „ein hervorragendes Denkmal der feudalen Epoche in Mitteleuropa." Die von Ludwig dem Springer im Jahr 1067 gegründete Burg gilt heute als der bedeutendste Profanbau der Romanik. Die südlich von Eisenach sich in landschaftlich exponierter Lage erhebende Burg war Zentrum hochmittelalterlichen Dichtens und Minnesangs, wurde zum Wohn- und Wirkungsort der Heiligen Elisabeth, bot dem von Papst und Kaiser verfolgten Reformator Martin Luther ein sicheres Exil, und sah mit dem Wartburgfest der deutschen Burschenschaften den Morgen einer freiheitlich-demokratischen Nation heraufdämmern.

Dank der authentischen Lutherstube trägt die Burg bereits seit dem 16. Jahrhundert denkmalhafte Züge und avancierte in der Zeit des nationalen Aufbruchs gänzlich zur romantischen Weihestätte der Deutschen. Diese Bedeutung aufgreifend, erhob Großherzog Carl Alexander von Sachsen-Weimar-Eisenach (1818–1901) seinen bis dahin im Dornröschenschlaf liegenden Ahnensitz mit umfassender Erneuerung und künstlerischer Ausgestaltung in den Rang eines Nationaldenkmals. Mit dem Gießener Architekturprofessor Hugo von Ritgen hatte er das Projekt einem Kenner mittelalterlichen Burgenbaus anvertraut. Noch bevor Georg Dehio (1850–1932) sich um eine wissenschaftlich begründete moderne Denkmalpflege verdient machen sollte, stellte von Ritgen mit verlässlichem Gespür für den Erhalt vorhandener

Bausubstanz und für die schöpferische Nachahmung von Verlorengegangenem, sein Können unter Beweis. Der Bergfried und das auf dessen Zinnenkranz sich erhebende drei Meter hohe und knapp zwei Meter breite vergoldete Kreuz prägen die Silhouette der Wartburg seit mehr als 150 Jahren. Zu den Schätzen im Inneren zählen u. a. die von dem Maler Moritz von Schwind Mitte des 19. Jahrhunderts geschaffenen 14 Fresken im Sängersaal, im Landgrafenzimmer und in der Elisabethgalerie.

Als Tochter von König Andreas II. und seiner Gemahlin Gertrud aus der Familie der Andechs-Meranier gehörte die später heilig gesprochene Elisabeth dem europäischen Hochadel an. Die Verabredung der beiden Herrscherhäuser, die ungarische Königstochter Elisabeth mit einem thüringischen Landgrafensohn zu verheiraten, hatte 1210/1211 einen eminent wichtigen machtpolitischen Hintergrund. Von gelegentlichen längeren Aufenthalten etwa auf der Creuzburg oder der Neuenburg abgesehen, verbrachte die vom

Elisabethkemenate auf der Wartburg

„Rosenwunder“ umflorte Elisabeth 17 Jahre, und damit die längste Zeit ihres kurzen Lebens, in Eisenach und auf der Wartburg. Drei Jahrhunderte nach ihr zog mit Martin Luther der bis heute populärste Bewohner auf der

Wartburg ein. Als „Junker Jörg“ mit vollem Haupthaar, Bart und Schwert war sein Aufenthalt auf der Wartburg vom 4. Mai 1521 bis zum 1. März 1522 von hoher Produktivität. Neben zahlreichen als Drucke erhaltenen Abhandlungen und hier geschriebenen Briefen steht dafür die Übersetzung der Bibel vom griechischen Originaltext ins jedermann verständliche Deutsch. Für die wegen ihres Erscheinungstermins als „Septemberbibel“ benannte Übersetzung benötigte Luther nur zehn Wochen.

Anknüpfend an diese und weitere, der Burg innewohnenden humanistischen Traditionen, präsentiert sich die Wartburg in der Gegenwart als ein lebendiger Ort der Weltkultur.

Westseite der Burg Großbodungen

Burg Grossbodungen

Die Stiftung der Deutschen Burgenvereinigung mit Sitz in Marksburg bei Koblenz, hat Graf und Gräfin Raban und Gerlinde von Westphalen für „denkmalgerechte Restaurierung und für gelungene Konzepte und Methoden zur Erhaltung und Nutzung von Burg und Kemenate“ ausgezeichnet. Eine vortreffliche Entscheidung der renommierten Burgenvereinigung. Haben doch so wie die großen Burgen und Schlösser der einstigen thüringischen Residenzen, kleinere Anlagen wie jene in Großbodungen, über lange Zeit und teils bis heute das Leben im ländlichen Raum mitgeprägt.

Ja wo sind wir denn? Jedenfalls wird sich das überrascht fragen, wer den Ort im Eichsfeld nicht nur auf der Hauptstraße durchfährt sondern anhält, und sich den Kern der Anfang des 12. Jahrhunderts erstmals urkundlich erwähnten Gemeinde näher betrachtet. Den Rundgang durchs Dorf dominieren Bauten aus Bruchstein und Fachwerk im wohltuenden Wechsel die Straßen links und rechts des „Fließbaches", der vom benachbarten Haynrode kommt. Die von Kaiser Heinrich IV. errichtete Hasenburg (heute Ruine), die Pfarrkirche St. Petrus mit ihren Glocken aus den Jahren 1353 und 1486, das ehemalige Schloss und die einstigen Domänegebäude in dessen Nachbarschaft, sind die zuweilen wuchtigen steinernen Zeugen verschiedener Epochen. Anziehungspunkt Nr. 1 ist freilich das aus einer Wasserburg des 13. Jahrhunderts gewachsene ehemalige Schloss, dessen Silhouette ein circa 27 Meter hoher Wartturm prägt. Anfang des 14. Jahrhunderts wird die Burg, und innerhalb der Ringmauer ein noch heute erhaltenes steinernes Wohnhaus mit Kamin errichtet. Als Ministeriale im Dienste der Mainzer Erzbischöfe gaben die Herren von Bodungen die Burg und dazugehörigen Lehen spätestens im Jahre 1417 auf. Von diesem Zeitpunkt an unterhielten die Südharzer Grafen von Hohnstein das Haus. Sie verpachteten Burg und zugehöriges Kammergut in der zweiten Hälfte des 16. Jahrhunderts an Hans von Berlepsch. Auf

dessen Familie geht der umfangreiche Ausbau der Burg in den Jahren 1575 bis 1584 zurück, durch den das Haus seine bis heute prägende architektonische Gestalt erhalten hat: Mit einem Lichthof in Fachwerkbau.
Im Zuge der Erbfolge gelangte die Burg im Jahre 1593 von den Hohnsteinern an die Fürsten von Schwarzburg-Sondershausen. Mit der Weimarer Republik wird 1920 die Gemeinde Eigentümer und bleibt es bis 1994. „Wir haben zwei Jahre und neun Monate auf Gerüsten verbracht", erinnert sich der Bauherr und deutet damit die Leistungen an, die er und seine „leicht anzulernende" Ehefrau an der Seite einheimischer Fachleute eingebracht haben – Arbeit für „Handlanger" war reichlich vorhanden.

Veste Heldburg

Zwar erinnern Spuren zwischen dem zur Kernburg zählenden Jungfernbau und dem Französischen Bau an Vorgängerbauten aus dem 12./13. Jahrhundert. Doch tatsächlich war es das Verdienst von Renaissancebaumeister Gromann, aus der mittelalterlichen Burg ein repräsentatives architektonisches Ensemble von herausragender kunstgeschichtlicher Bedeutung geformt zu haben. Statt das Überkommene abzureißen und einen klassischerweise vierflügeligen Schlossneubau zu schaffen, bezog er das Vorhandene ein, renovierte und ergänzte es. Dass der Betrachter den in seiner Baumasse gewaltigen, neunachsigen Französischen Bau als nicht so wuchtig empfindet, bewirken klare Gliederungen, helle Farbfassungen und die Erker aus Sandstein mit ihrem reichen Bildprogramm. Um 1564 fertiggestellt, vergingen drei Jahrhunderte, bis mit Herzog Georg II. von Sachsen-Meiningen (1826–1914) ein weiterer entschlossener Bauherr auftrat. Er nutzte

Veste Heldburg

den Französischen Bau, um sein Ideal der Renaissance umzusetzen und schuf vollkommen neue Raumkunstwerke.

Grüße „von der Feste Heldburg, wo es so wundervoll still und ruhig ist", sandte Freifrau von Heldburg ihrem Bruder Reinhard im Sommer 1891. Da lag der erste Aufenthalt auf dem märchenhaft wirkenden Bergschloss, das ihr Gatte Herzog Georg II. zum Refugium und bevorzugten Wohnsitz hergerichtet hatte, bereits 13 Jahre zurück. Die Wiederherstellung der von Meiningen, dem Ort seiner Amtsgeschäfte und der intensiven Theaterarbeit nur unweit entfernten Heldburg, führte für Herzog Georg zu einer Beschäftigung mit dem baulichen Ensemble und dessen Innenausstattung, die bis an das Ende seiner Tage andauern sollte. Ein Großbrand im April des Jahres 1982 machte Vieles davon zunichte: der attraktive Französische Bau war eine offene Ruine und die Innenausstattung komplett verbrannt. Unmittelbar nach der politischen Wende von 1989 setzten Wiederaufbau und Sanierung der Ruine ein. Mit der Übernahme durch die Schlösserstiftung sollte sich auch der testamentarische Wunsch von Herzog Georg II. erfüllen, wonach „diese Feste in ihrem Zustand auch in der fernen Zukunft erhalten bleibe und zum Besten der Stadt Heldburg und der Umgebung einen Anziehungspunkt für fremde Besucher bilde [...]".

Zwar kamen Besucher schon bis ins Jahr 2016 in Scharen auf die auch „Fränkische Leuchte" genannte Heldburg. Doch ungleich mehr sind es, seit in den Obergeschossen des Französischen Baus das Deutsche Burgenmuseum eröffnet wurde. Auf einer 1.700 Quadratmeter umfassenden Ausstellungsfläche zeigt es anhand der rund 17.000 Burgen im deutschsprachigen Raum einen Überblick vom frühen Mittelalter bis zum Historismus. Aufgeräumt wird auch mit gängigen Klischees und Anekdoten über das Ritterleben.

Wasserburg Heldrungen

Das im Kyffhäuser-Kreis unweit der Thüringer Pforte und der Unstrut zu findende Ackerbürger-Städtchen Heldrungen ist seit Jahrhunderten wegen seines Zwiebelanbaus bekannt. In dem 1530 mit Stadtrecht ausgestatten Ort befindet sich ein bedeutendes Denkmal der mitteleuropäischen Festungsbaukunst. Die von zwei Befestigungsringen umgebene mächtige Was-

Wasserburg Heldrungen

serburg wurde zur Sicherung der Handelsstraße von Frankenhausen nach Querfurt gebaut. Den besitzenden Herren von Mansfeld und anderen Adeligen diente die Anlage während des Bauernkrieges im Jahr 1525 als wichtiger Stützpunkt. Eine Tafel am 1805 gekappten Turm des Südflügels hält fest: „Bauernführer Thomas Müntzer in Kerkerhaft auf Schloss Heldrungen vom 17.–23.5.1525." Hierher gebracht und unter Folter verhört, wurde er nach seiner Gefangennahme während der Entscheidungsschlacht des Bauernkrieges bei Bad Frankenhausen. Im großzügigen Hof der Burg erinnert ein Denkmal an das Geschehen vom Mai 1525.

Die zu Teilen als Jugendherberge genutzte Burg bietet als sogenannter „Lernort der Geschichte" Einblicke in die Zeit von Reformation und Bauernkrieg. Seit Jahren wird in der einst vier-, später nur noch dreiflügeligen Burganlage aufwändig saniert und umgebaut.

Henneburg bei Henneberg

Die sich hoch über dem Ort Henneberg erhebende Anlage ist nur scheinbar eine Burgruine wie manch andere in Thüringen; sie steht als Symbol für die Staatsgründung Henneberger Land und war dessen Mittelpunkt. Große Teile des heutigen Unterfrankens, Südthüringens und auch Hessens waren darin eingeschlossen. In ihren baulichen Ursprüngen geht die namengebende Stammburg der Grafen von Henneberg bis in das 11. Jahrhundert zurück. Sie

Henneburg – Kernburg

diente dem Schutz wichtiger Straßenzüge von West nach Ost und Süd nach Nord.

Die im Bauernkrieg gebrandschatzte, seit dem 16. Jahrhundert verlassene, und mehr und mehr zum öffentlichen „Steinbruch“ herabgesunkene Burg, lag zu DDR-Zeiten kaum zwei Kilometer von der Grenze weg und damit im allgemein unzugänglichen Sperrgebiet. So bot sich engagierten Einheimischen und professionellen Denkmalpflegern 1990 ein wenig erfreuliches Bild.

Doch die Zeit des Dornröschenschlafes ist lange vorbei. Die teilweise erhaltene, bis zu 15 Meter hohe Ringmauer ist wieder sichtbar und gesichert. Reste von Gebäuden beziehungsweise Fundamenten im Inneren des Burghofes konnten unter anderem als Palas mit Kamin, als Kemenate, als Kapelle sowie als Wirtschafts- beziehungsweise Wohnräume nachgewiesen werden. Etabliert hat sich mit der „Wiedererweckung“ ein reges, abwechslungsreiches Veranstaltungsprogramm. Der im Durchmesser 14 Meter starke Bergfried lädt zur Sicht auf die Burganlage und ins Henneberger Land.

Leuchtenburg bei Kahla

Die landschaftsbeherrschende, in alle Himmelsrichtungen majestätisch auf sich aufmerksam machende Leuchtenburg wurde 1221 erstmals urkundlich genannt. Um die als „Perle des Saaletals“ geschätzte Burg wurde über Generationen gestritten und gekämpft. Besu-

cher von heute erleben eine große rechteckige Anlage aus Vorburg und Hauptburg. Von der Sohle des Zwingers ragen vier geräumige, runde Wehrtürme aus dem 15. Jahrhundert in die Höhe. Ein Zeuge der ältesten Burg ist der Bergfried aus dem 12./13. Jahrhundert.
In die Burg, die jeden vom Autobahnkreuz Hermsdorf Kommenden wie der Slogan „Willkommen in Thüringen" schon von weitem anspricht, kehrt seit den 2007 begründeten neuen Besitzverhältnissen spürbar Leben ein, das übers Verwalten des Vorhandenen reicht. Dank des wiedererlebbaren Panoramaweges rund um die Veste muss man nicht mehr den 30 Meter hohen Turm erklettern um überschauen zu können, welch waldreiche Hügellandschaft einem zu Füßen liegt. Das Torhaus, die von da zur Kernburg führende Pflasterstraße, das Eingangsportal des alten Logierhauses mit seinen 90 Fenstern oder die nach hundert Jahren erstmals wieder für einen Gottesdienst genutzte alte Kapelle waren erste öffentlichkeitswirksame Zeichen dafür, dass die lange vernachlässigte Burg peu à peu zu neuer Leuchtkraft findet.

Man widmet sich auf dieser, etwa 18 Kilometer von Jena entfernten Burg, auch dem Thema Porzellan, das in der Region eine 250-jährige Tradition hat. Seit Frühjahr 2014 jedoch wartet die Burg mit einer neuen, einzigartigen Inszenierung des Porzellans und seiner Geschichte auf. Kostbar, rätselhaft und mystisch zeigen sich die hier arrangierten „Porzellanwelten". Etwa 350 Exponate sind in eine moderne Ausstellungsarchitektur eingebettet und nehmen die Besucher mit auf eine lebendige Reise rund um das Porzellan: vom fremden Material aus Asien über die unermüdlichen Versuche seiner Enträtselung und die exklusive Verwendung als höfisches Luxusgut bis hin zur Fließbandware durch die Industrialisierung. Parallel zur globalen Geschichte werden stets Querverbindungen zu den bedeutenden Porzellanmanufakturen in Thüringen aufgezeigt. Den Abschluss dieser Zeitreise bildet die alte Burgkirche. Die Andachtsstätte zeigt sich den Besuchern nunmehr innen als komplett mit weißem Porzellan ausgekleideter Raum.

Wasserburg Kapellendorf

Der urkundlich erstmals 833 erwähnte, von der mittelalterlichen Burganlage geprägte Ort Kapellendorf liegt malerisch im Städtedreieck Weimar-Jena-Apolda. Die Chronik erzählt von armen Burgherren und der wohlhabenden Stadt Erfurt als Besitzer, von Raubrittern, deren gefürchtetes Nest die Burg zuzeiten war, von Goethe und seiner Frau Christiane, die bei den hiesigen Bauern einkauften oder von Friedrich Schiller, dessen Sohn im hier angesiedelten Justiz- und Rentamt des Weimarer Herzogtums lernte. Immer wieder war die Burg auch Quartier für Militärs. So hatte sich hier im Oktober 1806 – in der Nähe kündigte sich die Schlacht gegen Napoleons Truppen an – das preußische Hauptquartier niedergelassen.
Das großzügige Erscheinungsbild der teils museal und regelmäßig kulturell genutzten Burg ist Aus- und Umbauphasen, vor allem ab der Mitte des 14. und gegen Ende des 17. Jahrhunderts. Das gesamte Areal beherrschende Bauteile sind Türme wie der Torturm und der

Wasserburg Kapellendorf

Verliesturm, die beide vermutlich aus dem 15. Jahrhundert stammen. Im Burghof beeindrucken die Reste der ehemaligen Kernburg, wozu der Küchenbau, der Stumpf des spätromanischen Bergfrieds und der als Kemenate bezeichnete fünfgeschossige Wohnturm gehören. Farbliche, bei Sonne sich im Wassergraben spiegelnde Probeachsen an den grauen Bruchsteinfassaden der spätmittelalterlichen Ringmauer lassen den ankommenden Besucher ahnen, dass die Burg in fachlichen Händen liegt und ihr historisches Erscheinungsbild schrittweise zurückgewinnt.

Die aus dem 9. Jahrhundert stammende, das Dorfbild prägende vormalige Burg Denstedt gilt als Paradebeispiel für einen Herrensitz an der Ilm. Mit seinen Blickbeziehungen gen Weimar und Kromsdorf gehört das über Generationen zum Schloss gewordene Bauensemble zur Weimarer Schlösserlandschaft. Die rechteckige Anlage von zirka 33 Meter mal 37 Meter liegt am Ortsrand auf einem Hang, der nach Norden und Westen abfällt. Die vormalige Burg wurde vermutlich durch einen umlaufenden Graben gesichert, der vielleicht sogar mit Wasser gefüllt war. Zu den ältesten Bauteilen gehören der aus 1,8 Meter starken Mauern bestehende runde Bergfried mit seiner Zwiebelhaube. Nördlich davon liegt die Küche mit einem noch erhaltenen Kaminstumpf aus dem 16. Jahrhundert. Eine Mauer mit Durchfahrt und Wehrgang verbindet den Turm mit dem dreigeschossigen Haupthaus. Die Fassade des Baus gliedern Vorhangbogenfenster. Im Inneren sind die Raumstruktur, Bohlendecken des 16. und 17. Jahrhunderts und Reste der Renaissance-Wandmalerei erhalten. Die letzten Ein- und Umbauten erfolgten im 19. und 20. Jahrhundert.

Ab 1945 bestimmte landwirtschaftliche Nutzung das Leben in der Burg – diverser Verschleiß inklusive. Seit rund 15 Jahren aber ist das Schloss in den Händen zweier niedergelassener Ärzte. Stück für Stück gaben sie dem Denkmal seine Würde zurück.

An der von den als „Thüringer Silbermanns" gerühmten Gebrüdern Peternell gefertigten Orgel der Pfarrkirche Denstedt lud Franz Liszt in seiner Weimarer Zeit zu sogenannten „Orgelconferenzen" und auch zu Privatkonzerten ein.

Burg Denstedt

Johanniter, Henneberger, Wettiner, Preußen – nach zahlreichen Besitzerwechseln gehört Burg Kühndorf bei Meiningen seit 1991 der Familie des unterfränkischen Juristen von Eichborn. Zu einem symbolischen Preis haben der aktive Johanniter von Eichborn und seine Frau damals erworben, was im wahrsten Wortsinne keiner geschenkt haben wollte. Das im 14. Jahrhundert erstmals erwähnte, alle 30 bis 50 Jahre umgebaute, über rund 2.000 Quadratmeter Wohnfläche verfügende Anwesen, war nahe dem Verfall. Zwei Jahrzehnte nach der Übernahme durch die Privatiers ist die mit Spuren von der Gotik über die Renaissance bis zur baulichen Neuzeit reichlich ausgestatte Anlage nicht nur wieder vorzeigenswert sondern bewohnt, mit dem Thüringer Denkmalpreis ausgezeichnet und dank kultureller Angebote ein beliebter Treff in der Region.

Der Südzwinger wurde um 1450 als Teil einer die ganze Burg umschließenden Verteidigungsanlage mit fünf Türmen errichtet. Im

Mauerwerk des Untergeschosses wurden behauene Steine eines aus dem 12./13. Jahrhundert stammenden Vorgängerbaues verwendet. Das Verließ wurde um 1450 angelegt. In der Wand ist ein Ring eingelassen, an dem die Gefangenen angekettet auf ihren Prozess vor dem Hochgericht Kühndorf warteten. Aus dem Jahr 1542 stammt das vom großen sächsischen Staatswappen geprägte Gerichtszimmer, das 1921 um Sinnsprüche zur Rechtspflege ergänzt wurde. Größter Raum der Oberburg ist die im 14. Jahrhundert entstandene Südkemenate, in der sich wahrscheinlich die Krankenstation des Johanniterordens befand.

Reichsburg Kyffhausen

Kyffhäuser – Burganlagen und Denkmal

Das vor den Bergen des südlichen Harzes sich erhebende Mittelgebirge Kyffhäuser bedeckt zwar nur etwa 60 Quadratkilometer Fläche. Deren einmalige natürliche Ausstattung jedoch, deren geschichtliche Bedeutung und Stein gewordene Tradition, machen den idyllischen Höhenzug seit Generationen zu einem beliebten Ausflugs- und Wanderziel. Eine zur Wende vom 19. auf das 20. Jahrhundert entstandene kolorierte Ansicht vom Kyffhäuser zeigt, wie man sich damals die historischen Burganlagen im Jahr 2000 vorstellte. Da kommt vom Tal der Goldenen Aue herauf eine Seilbahn, da schnauft aus einem Tunnel ein Dampflokzug von Bad Frankenhausen heran, da rollen auf breiten Straßen motorisierte Wagen zu gleich mehreren Hotels auf dem Berg… Es kam nicht so.

Kyffhausen war im hohen Mittelalter die größte deutsche Burgenanlage. Die aus dem vor

Ort gebrochenen roten Sandstein erbauten Unter-, Mittel- und Oberburg sowie die Rothenburg bildeten das Zentrum des nordthüringischen Königsgutsbezirkes. Auf den hinter der Ortschaft Tilleda ansteigenden Vorbergen befand sich eine aus der Höhe gut zu beschützende Kaiserpfalz. Reichsministeriale von Kyffhausen sind unter Konrad III. und Barbarossa bezeugt. In deren Verantwortung dürfte auch die Verwaltung der Pfalz Tilleda gelegen haben. Als die seit langem weithin ruinösen Gebäude der Burgen – sie erstreckten sich auf einer Länge von insgesamt 600 Metern – noch intakt gewesen sind, werden sie auf den Betrachter eine beeindruckende Wirkung gehabt haben. Da ist es auch verständlich, dass sich die Herrscher und Bauherren tief ins Gedächtnis der Menschen eingegraben haben und ein Sagenkranz üppig blühen konnte. Vor allem der Barbarossa genannte rotbärtige Kaiser Friedrich I. des Heiligen Römischen Reiches Deutscher Nation, sorgte bei seinen „Untertanen" über Jahrhunderte für reichlich Gesprächsstoff. In einer Höhle des kleinen Gebirges über der Goldenen

Aue sahen sie ihn daher hinter eisernen Toren noch immer am marmornen Tische sitzen und darauf warten, dass seine Zeit wiederkomme. Wer heute auf den zu herrlicher Rundumsicht einladenden Kyffhäuser kommt, darf sich auch auf die Begegnung mit dem Stein und Sage gewordenen Kaiser freuen. Über ihn thront, in Bronze gegossen auf dem Pferde sitzend, Kaiser Wilhelm I. Insgesamt 81 Meter hoch ist das Monument, in dessen Inneren Ausstellungen über die wechselvolle Geschichte der Burganlage und des Denkmals informieren.

Kyffhäuserdenkmal

Die Brandenburg bei Lauchröden

Durch Gräben und einen Felsen voneinander getrennt, erheben sich oberhalb der Werra aus den Vorbergen des Thüringer Waldes die östliche und die westliche Ruine der Brandenburg. Über die frühe Geschichte der an der mittelalterlichen Handelsstraße „Via Regia" gelegenen Burganlage ist wenig bekannt. Grafen von Wartbu(e)rg sind seit 1144 in Lauchröden nachweisbar. Ein knappes Jahrhundert später (1227) nennen diese sich nach der Brandenburg.
Die sich wie ein Ensemble präsentierende Doppelanlage entstand wahrscheinlich aus zwei baulich voneinander unabhängigen Burgen. Von der als Westburg bezeichneten jüngeren Vorburg sind der Bergfried sowie Reste von Ringmauer und Torhaus erhalten. Von einer eigenen Ringmau-

er ist die östliche Burg umgeben. Diese Mauer schließt unter anderem zwei Höfe, einen teils sechseckigen Bergfried, einen Wohnturm und die Nordwand eines Palas ein. Unter der Gesamtanlage verlaufen weite, hochgewölbte Keller.

Dass die Besitzer der Burgen bis in das 19. Jahrhundert häufig wechselten, war dem Zustand der seit dem Dreißigjährigen Krieg zusehends verfallenden, schließlich unbewohnten Anlage, abträglich. Erst eine Order des Landesherrn im beginnenden 19. Jahrhundert beendete die eigenmächtige Nutzung der Doppelburg als Steinbruch. Jeglicher öffentlichen Nutzung wie auch möglicher Sanierung war die Brandenburg in den vier Jahrzehnten der deutsch-deutschen Teilung entzogen, da sie direkt im damaligen Grenzgebiet lag. Von der seit 1990 wieder öffentlich zugänglichen Burg bieten sich einzigartige Aussichten ins Werratal und den Thüringer Wald.

Die Brandenburg

Ordensburg Liebstedt

Die Ordensburg Liebstedt ist die einzige Burg in Europa und die einzige des Deutschen Ordens, die auf einer Straße errichtet wurde und den ursprünglichen Charakter als Durchgangsburg bewahrt hat. Darüber hinaus ist sie die einzige Niederungsburg in Deutschland, welche noch ein dreifaches Graben-Wall-System besitzt und darin den Ort einbezieht. Wahrscheinlich ist sie auch die erste Burg, die in ihrer Bausubstanz nachweislich die Backsteingotik in einem Torhaus besitzt. Durch dieses betritt der Besucher heute die sich als unregelmäßiges Fünfeck zeigende Anlage. Mit seinen 18 Metern Höhe ist es das höchste und denkmalpflegerisch bedeutendste Gebäude des bis in das Jahr 1211 zurückweisenden Bauensembles. Vorburgbereich und Kernburg sind nach Norden sowie nach Süden hin mit einer jüngeren, bis zwei Meter hohen Gutsmauer aus Bruchstein umwehrt. Nicht mehr befahrbar, wohl aber begehbar ist die vormals durch die Burg führende Fernhandelsstraße, die im mitteldeutschen Abschnitt zuzeiten auch als „Kupferstraße“ oder „Salzstraße“ bezeichnet wurde. Dieser Umstand war wohl auch ursächlich für die ungewöhnliche Größe des Innenhofes des Anwesens, dessen Geschichte 480 Jahre lang mit dem Deutschen Ritterorden verbunden war. Ställe, Werkstätten, eine „Schnitterkaserne“ und anderes prägten die überwiegend landwirtschaftlich genutzte Liegenschaft. Seit den 1990er-Jahren zog und zieht dank dem Wirken eines rührigen Vereins neues Leben in die Gesamtanlage ein. Kulturelle und museale Angebote haben Burg Liebstedt zu einem beliebten Anziehungspunkt der Region werden lassen.

Ordensburg Liebstedt

Burg Hohnstein

Burg Hohnstein bei Neustadt/Harz

Am Südrand des Harzes, nur zehn Kilometer von Nordhausen entfernt, liegt in idyllischer Umgebung der Luftkurort Neustadt. Im Ort mit seinen zirka 1.300 Einwohnern findet man ein mittelalterliches Stadttor und bemerkenswerte Fachwerkensemble. Heute noch kündet die Rolandfigur von der ehemaligen Bedeutung Neustadts in der Grafschaft Hohnstein.

Über dieses Harzstädtchen erheben sich auf einem Porphyrfelsen die imposanten Reste der fast 900 Jahre alten Burg Hohnstein – benannt nach dem gleichnamigen Grafengeschlecht. Für das 14./15. Jahrhundert nachweisbar sind auf dem Areal diese Bauwerke: Palas, Kemenate, Kapelle, Brunnen, Bastion, Bergfried, Wall und Graben. Erbteilungen und schließlich das Aussterben der gräflichen Linie ohne männlichen Erben führten im 16. Jahrhundert zum Besitzerwechsel. Die Burg wurde Gegenstand von Auseinandersetzungen im Dreißigjährigen Krieg und nach einem Brand im Jahre 1627 schließlich aufgegeben. Über Generationen zum gern genutzten „Steinbruch" für die umliegenden Orte geworden, schien sie zeitweilig für immer verloren. Doch die Fürsten von Stollberg-Wernigerode gaben auf der schon ruinösen Anlage im 19. und zu Beginn des 20. Jahrhunderts Erhaltungsarbeiten in Auftrag. In der Vorburg ließen sie ein Jagdhaus (die heutige Gaststätte) errichten.

„Wie eine Tarnkappe umrankte der Efeu die Mauern. Wächter, gewachsen aus Sträuchern und Ruinenschutt, versperrten die Wege zum Innenhof und zu den Gemächern. Über kaum noch wahrnehmbare Treppen gelangte man bis

Blick auf den „Hohenstein", 1839

zum Bergfried und wurde für den gefahrvollen Aufstieg mit der wohl schönsten Aussicht belohnt.“ Wer die Burgruine Hohnstein besucht, wird auf einer Eingangstafel mit diesem kurzen Text begrüßt und auf diese Weise anschaulich gewahr, wie sich die nach zwei Weltkriegen schon verloren geglaubte Stammburg der Grafen von Hohnstein seit den 1990er-Jahren zum Vorteil verändert hat.

Über die Jahre haben hier Profis im Bunde mit ehrenamtlich Engagierten den Efeu in den Mauern beseitigt, Büsche gerodet, Rasenflächen kultiviert und vor allem Schutt ohne Ende bewegt. Ein Zufall auf einer kleinen Pferdeweide in der Vorburg förderte den Zugang zu einem Gewölbekeller zu Tage, der alsbald zugänglich gemacht wurde. Nach und nach wurden auf dem gesamten Burgareal Fundamente und Mauerreste freigelegt, hier und da behutsam ergänzt. Der Burgbrunnen ist bis auf eine Tiefe von 27,4 Metern wieder als solcher erkennbar. Eine am Bergfried angebrachte Metalltreppe führt zu einer Plattform mit herrlicher Panoramaaussicht.

Obere und Untere Sachsenburg

Das als Thüringer Pforte bezeichnete Gebiet bei Oldisleben/Sachsenburg, wo die Unstrut die Höhenzüge Hainleite und Schmücke durchbricht, war in alten Zeiten ein strategisch bedeutsamer Punkt. Hier, wo in der Nähe kostbare Rohstoffe wie Salz, Kupfer und Silber abgebaut wurden, verlief eine wichtige, den Südharz mit dem Thüringer Becken verbindende Handelsstraße. Deren Sicherung war notwendig und versprach auch eine lukrative Einnahmequelle. Auf dem Areal des Wächterberges, dessen kontinuierliche Besiedlung von

der Jungsteinzeit bis ins frühe Mittelalter archäologische Funde belegen, entstanden nach derzeitigem Forschungsstand um die Zeit zwischen 1250 und 1350 die beiden, etwa 500 Meter voneinander entfernten Burgen, deren Bergfriede schon von weitem sichtbar aus dem waldreichen Gebiet herausragen.

Streitigkeiten um die Nachfolge des Thüringer Landgrafen geschickt nutzend, hatte sich Graf Siegfried von Anhalt des Gebietes bemächtigt, wohl zunächst eine hölzerne Wehranlage und später die Burgen aus dem hier vorkommenden Muschelkalksteinen bauen lassen. Deren Besitzer wechselten ungewöhnlich häufig. Im letzten Jahr des Zweiten Weltkrieges erlitten beide Burgen erhebliche Schäden. Vom Kern der Oberen Sachsenburg sind vor allem die Außenwände des mittelalterlichen, dreigeschossigen Wohnbaus mit Kamin und der noch etwa 20 Meter hohe quadratische Bergfried weitgehend erhalten. Die Reste der Unteren Sachsenburg markiert der in einer Höhe von 22 Metern erhaltene Bergfried.

Burg Ranis

Als die Stiftung Thüringer Schlösser und Gärten im Jahr 1994 Burg Ranis übernahm, drohte eines der Dächer auf die gleichnamige Kleinstadt im Orlagau (Königsgutbezirk des 9./12. Jahrhundert) abzustürzen. Zwar hatte vorher die Stadt schon begonnen, dem Verfall des auf einem Zechsteinriff stehenden Wahrzeichens Einhalt zu gebieten, doch mussten weiter immense Summen eingesetzt werden, um die mit 240 Metern Länge und 50 Metern Breite außerordentlich große Anlage zu retten und zu sanieren. Doch Jahr um Jahr veränderte sich das Bild von Burg Ranis für jedermann ersichtlich. So strahlen der zu großen Teilen vermutlich aus dem 13. Jahrhundert stammende Bergfried und der auch als „Luginsland" umschriebene einstige Hungerturm seit ihrer Sanierung und Renovierung in das flache Land des südlichen Thüringer Beckens. Der Palas im Erdgeschoss des Nordwestflügels steht als Mehrzwecksaal der Öffentlichkeit zur Verfügung. Saniert wurde auch der Mitte des 17. Jahrhunderts umgebaute Südflügel. In diesem hat sich – aus dem Nichts heraus – die Thüringer Literaturakademie als ebenso anziehender wie ausstrahlender kultureller Ort etabliert. Eine Autorenwohnung, ein Stadtschreiber-Literaturpreis und vor allem das umfangreiche Veranstaltungsangebot, haben der Anlage den Beinamen „Literaturburg" eingebracht. Ein traditionsreicher, im benachbarten Pößneck ansässiger Grafischer Großbetrieb macht sich dafür besonders stark.

Die in ihrem historisch verbürgten hellen Kalkweiß strahlende, schon von Weitem sichtbare Gesamtanlage, besteht aus der inneren Kernburg, der hochmittelalterlichen Vorburg, der spätmittelalterlichen äußeren, östlichen Vorburg und dem östlichen Vorgelände. Mit den seinerzeitigen Bauarbeiten einhergehende archäologische Grabungen förderten Funde zutage, die auf eine erste Befestigung an diesem Ort bereits im 9. Jahrhundert schließen lassen. Als erste Erwähnung von Ranis gilt eine Urkunde von 1084, die Wiprecht von Groitzsch den Erhalt mehrerer Burgen als Geschenk bescheinigt. Burg Ranis wurde urkundlich zum ersten Mal im Jahr 1199 als Reichsburg deutscher Kaiser und Könige genannt. Eigentümer waren die Schwarzburger, die Markgrafen von Meißen, die Wettiner, die Herren von Brandenstein und Breitenbuch sowie die Preußen. Im vorigen Jahrhundert gehörte die Burg dem Deutschen Roten Kreuz, bis mit dem Ende des Zweiten Weltkrieges zunächst amerikanische und später sowjetische Besatzungstruppen einzogen.

Kemenate Reinstädt

Die Gemeinde Reinstädt liegt 25 Kilometer südwestlich der Stadt Jena im Reinstädter Grund, einem anmutigen Seitental des Saaletales. Aus dem von Fachwerkhäusern und Bauerngärten geprägten kleinen Dorf ragen zwei Bauwerke heraus: Die aus dem 15. Jahrhundert stammende spätgotische Wehrkirche St. Michaelis, und in deren Nachbarschaft die sogenannte Kemenate aus etwa der gleichen Erbauungszeit. Geradezu trutzig ragt der ehemalige Wohnturm eines seit 1083 bezeugten Adelssitzes in die Umgebung. Das fünf Stockwerke hohe Gebäude war Mittelpunkt eines wehrhaften Wirtschaftshofes und Familiensitzes. Das schmucklose, ursprünglich komplett verputzte Bauwerk aus der Frührenaissance wechselte mehrfach die Besitzer. Je nach Zeitgeist und Geschmack wurde entsprechend umgebaut, dies vor allem im 16. und 17. Jahrhundert. Im Dachgeschoss sind noch Schießscharten und ein Innenwehrgang auszumachen. An der äußeren Südwand befindet sich ein schildförmiger Wappenstein des alten thüringischen Adelsgeschlechts derer von Flanß, die seit 1348 in Reinstädt nachweisbar sind und als Erbauer der Kemenate gelten. (Führungen sind nach Voranmeldung möglich.)

Daran, dass der an einer einst wichtigen Handelsstraße gelegene Ort bereits im 12. Jahrhundert Marktrecht erhielt, knüpft eine schöne Tradition der jüngeren Geschichte an, der Reinstädter Landmarkt. Jeweils an einem Wochenende im Mai und im Oktober wird in und um die Kemenate kulinarisch angeboten und kulturell gezeigt, was die Region zu bieten hat.

Kemenate Reinstädt

Steinsburg bei Römhild

Die Gleichberge bei Römhild. Dieses „geologische Zwillingspaar" prägt das südthüringisch-fränkische Durchgangsland. Nach Hölderlin und Goethe besangen Dichter wie Walter Werner oder Harald Gerlach diesen „vor der Haustür" sich auftuenden Ätna. Auch bei Helga M. Novak hat sich diese vulkanische Landschaft bei Römhild tief ins Denken und Schreiben eingemeißelt: „an Sommerabenden gegen Acht / die Stunde der Fledermäuse / da tauchen noch keltische Namen auf / verheißungsvolle Silben / Wörter wie barget sulz oder strut / der Fantasie steht alles offen" beschließt

Steinwälle der Steinsburg bei Römhild

sie ihr Gedicht über die als Steinsburg bekannte einstige Fliehburg bei Römhild. Oberirdisch erinnert fast nichts mehr an die Burg der Kelten, die vom 5. bis 1. Jahrhundert vor Christus auf dem längst von Wald bedeckten Kleinen Gleichberg (641 m) zu Hause waren. Das nahegelegene Spezialmuseum für Ur- und Frühgeschichte Südthüringens jedoch gewährt anschaulich spannende Einblicke in das wirtschaftliche und kulturelle Leben der Region von der Mittelsteinzeit um 8000 v. Chr. bis zum Hochmittelalter. Den vorgeschichtlichen Reichtum der Gleichberglandschaft erschließen zudem der Archäologische Wanderweg und der Keltenerlebnisweg.

Hoher Schwarm Saalfeld

In dem über 1.100-jährigen, als „Steinerne Chronik Thüringens“ geschätzten Saalfeld, bestand von 1180 bis 1208 auf der Anhöhe der Nikolaikirche eine staufische Kaiserpfalz. Die Nikolaikirche – heute das älteste erhaltene Bauwerk der Stadt – diente sehr wahrscheinlich als Hofkapelle. Um 1300 errichteten die neuen Saalfelder Stadtherren, die Grafen von Schwarzburg, auf dem vormaligen Pfalzgelände den später „Hoher Schwarm“ genannten quadratischen Wohnturm. Der zum Wahrzeichen der Stadt avancierte, an den Seiten 17 Meter lange, schmucklose Bau aus Bruchsteinen, verfügte über fünf Geschosse. Früher krönte ihn noch ein steiles Walmdach. Auf einem Merian-Kupferstich von 1650 ist die Anlage bereits als Ruine abgebildet, wie sie auch der Besucher in der Gegenwart erlebt. Wie die einen öffentlichen Park dominierende Anlage zu ihrem 1593 erstmals bezeugten Namen kam, ist den Forschern noch immer ein Rätsel.

Der Hohe Schwarm in Saalfeld

Burg Normannstein in Treffurt

In Überlieferungen heißt es, dass die Normannen auf einer ihrer Raubfahrten bis in die Gegend der heutigen Stadt Treffurt gekommen seien und sich auf dem Berg über der Stadt jene Festung bauten, die sie Normannstein tauften. Eine andere, schon im 16. Jahrhundert gedruckte Sage berichtet, im Jahre 455 seien drei Brüder namens Nortmann aus Rom gekommen, haben sich zunächst in einer Creuzburger

Burg Normannstein

Felsenhöhle niedergelassen und sind anschließend die Werra abwärts weiter gezogen. Angelockt von einer ergiebigen Quelle oberhalb der jetzigen Stadt Treffurt, hätten sie die Burg gebaut und mit besagten Namen versehen.

Sicher ist, dass die überwiegend romanische Burg ab dem 11. Jahrhundert in drei Phasen entstanden ist, wovon sich an der überkommenen Bausubstanz einiges ablesen lässt. Angelegt zunächst zur Beobachtung und zum Schutz der drei Werra-Furten im Tal, wandelte sich die Bestimmung der Burg über die Zeiten mehrfach. Mitte des 16. Jahrhunderts war der einstige Rittersitz uninteressant geworden, die Burg verfiel und die Treffurter benutzten sie als Lieferant von Baumaterial. Erst Ende des 19. Jahrhunderts zog mit dem Erwerb der Burgreste durch die Familie Döring, die in der einstigen Kapelle eine Ausflugsgaststätte einrichtete, wieder Leben ein. Erhaltungsarbeiten auch an anderen Burgbauten setzten Zeichen; ein ständiges politisches Auf und Ab jedoch verhinderte planmäßiges und sichtbares Fortkommen. Eine komplexe Sanierung begann erst 1989.

Kirchenburg Walldorf bei Meiningen

Die heutige Walldorfer Kirche wurde schon lange vor ihrer ersten urkundlichen Erwähnung im Jahr 982 in einer Schenkungsurkunde an die Kirche des heiligen Apostelfürsten Petrus zu Aschaffenburg als Königshof gegründet. Im Jahr 1008 übernahm das Bistum Würzburg den Ort mit seinem Burgberg. Die Würzburger bauten die Wehranlage aus und gestalteten sie zur bischöflichen Festung um. Man errichtete eine erste Kapelle, der später eine Kirche folgte. Zur eigentlichen Kirche wurde die Anlage erst im Spätmittelalter. Das Kirchengebäude wurde im Jahr 1587 errichtet, 1634 bis auf das Mauerwerk zerstört, und im Zeitraum von 1648 bis 1651 neu hergerichtet. Aus dieser Zeit stammt wahrscheinlich auch der Turm der Kirche, der ursprünglich als Berg-

fried der Wehranlage errichtet worden war. Einem Feuer im April 2012 fielen Teile des Turmes, das Dach und der gesamte Innenraum nebst kompletter Ausstattung zum Opfer. Der bald einsetzende, von großer Unterstützung begleitete Wiederaufbau ist inzwischen vollendet.

Kirchenburg Walldorf, vor dem Brand 2012

Osterburg Weida

Die am Nordrand des Thüringer Schiefergebirges sich ausbreitende, von viel Grün umgebene Stadt Weida, liegt am Zusammenfluss von Auma und Weida. Wasser war wichtig für die Stadt, in der die Lohgerberei zu Hause war. Wahrhaft majestätisch über der Stadt thront die im 12. Jahrhundert entstandene, seit dem 16. Jahrhundert Osterburg genannte Burg. Ihr Name wird von der Landschaftsbezeichnung Oster- oder auch Ostland abgeleitet. Die auf einem steil abfallenden Bergsporn stehende Burg war Bestandteil der städtischen Befestigungsmauer. Bis ins späte Mittelalter war sie Regierungssitz der Vögte von Weida. Aus der Erbauungszeit ist der charakteristisch gestufte, 54 Meter hohe, aus bis zu 5,7 Meter dicken Mauern bestehende Bergfried erhalten geblieben. Das Innere des gewaltigen Burgturms wird museal genutzt. Die neue ständige Ausstellung „Turm im Turm" präsentiert Erkenntnisse zu Archäologie und Bauforschung sowie die Baugeschichte des Bergfrieds. Oberhalb des

zweiten Zinnenkranzes ist die original eingerichtete Türmerstube zu besichtigen.
Anlässlich der Bundesgartenschau 2007 in Gera entstand auf etwa eintausend Quadratmetern Burggelände der „Mittelalterliche Wurzgarten" mit eingefassten Hochbeeten, mit Obstbäumen, Kletterrosen an der Burgmauer und Solitärgehölzen, wie z. B. einer sagenumwobenen Eiche. Die typische Terrassenstruktur des zum Burgturm aufstrebenden Hanges wurde neu gestaltet und mit Weinstöcken, Efeu, Mauerkronenstauden und Kletterrosen bepflanzt.

Die Osterburg

Schon im 12. Jahrhundert hatten die Ludowinger und späteren Thüringer Landgrafen das heutige Weißensee als strategisch günstig erkannt. In dieser Gegend – geographisch in der Hälfte zwischen Wartburg und der Neuenburg gelegen – trafen zwei wichtige Fernwege aufeinander. Ziemlich exakt an deren Kreuzung entstand auf einem Hügel mit Fernsicht über das leicht wellige Umland die Stadt Weißensee, die noch bis ins 18. Jahrhundert südwestlich und südöstlich von Seen umspült wurde.

Die um 1170 entstandene Burg zählt zu den größten romanischen Burganlagen in Deutschland und vermittelt, trotz aller über die Jahrhunderte erfolgten Veränderungen bis in die Gegenwart das Bild einer trutzigen Wehranlage. Bauforschungen, Freilegungen in Gebäuden sowie Ausgrabungen inner- und außerhalb des Burggeländes erbrachten, dass auf dem etwa 1,5 Hektar großen, von einer ovalen Ringmauer umgebenen Areal der Burg so viel

Eingang zur Runneburg

originale Romanik am authentischen Platz zu entdecken ist, wie sonst auf keiner Burg.
Als Höhepunkte hochmittelalterlicher Baukunst auf diesem Gelände gelten der (in der Sanierung befindliche) Turm und der 250 Quadratmeter große Festsaal. Obgleich dieses bedeutende Bauerbe lange schwer vernachlässigt wurde, geben mehrere Räume (Führungen auf Nachfrage) mit ihren Fenster- und Türgewänden, den Kapitellen oder der ausgesprochen seltenen Steinofen-Luftheizung einen Eindruck von der einstigen Qualität der Runneburg. Die mit diesem Namen übrigens nicht von Anbeginn an belegt war. Bis zum Ende der preußischen Ära lautete die offizielle Bezeichnung so, wie sie die Stiftung Thüringer Schlösser & Gärten wieder verwendet sehen möchte: Burg Weißensee.

Die Bier- und Burgenstrasse

Während die „Thüringer Burgenstraße" (siehe Nebenseite) noch im Entstehen ist, gibt es die touristisch attraktive „Bier- und Burgenstraße" schon. Auf einer Strecke von rund 500 Kilometern verbindet sie Burgen, Schlösser und andere Sehenswürdigkeiten sowie traditionsreiche Brauereien, typische Biergaststätten und spezielle Übernachtungsangebote auf den Territorien der Bundesländer Thüringen und Bayern. Die Bundesstraße 85 und von ihr abgehende kurze weitere Straßen markieren den Verlauf der vom thüringischen Bad Frankenhausen bis zum ostbayrischen Regen führenden Bier- und Burgenstraße. Egal ob zu Fuß, ob motorisiert oder in der Luft mit einem Heißluftballon (ein Spezialangebot der Vereinsbrauerei Apolda) unterwegs: Den Liebhabern schöner Landschaften, romantischer Burgen und Schlösser, den Freunden des edlen Gerstensaftes und schmackhafter regionaler Küche verspricht diese touristische Ferienstraße Entdeckungen und Genüsse in vielerlei Hinsicht.

Die Thüringer Burgenstrasse

Vor- und frühgeschichtliche Wallanlagen, hochmittelalterliche Burgen und Königspfalzen sowie Sitze spätmittelalterlicher Dynastien lassen sich in Thüringen in einer Fülle und Dichte finden wie in kaum einem anderen deutschen Bundesland. Viele dieser oft landschaftsprägenden Bauten sind heute starke touristische Anziehungspunkte. Dem trägt das Konzept einer „Burgenstraße Thüringen" Rechnung, das sich ausdrücklich als landschaftsbezogene Ergänzung zu dem auf der Veste Heldburg entstehenden Deutschen Burgenmuseum versteht.
Die zwölf Gründungsburgen, mit denen der Verein Burgenstraße Thüringen seine Arbeit aufgenommen hat sind: die Bastille am Schloss Weimar, die Veste Coburg, die Creuzburg, die Drei Gleichen, die Veste Heldburg, die Wasserburg Kapellendorf, die Johanniterburg Kühndorf, die Reichsburg Kyffhausen mit dem Kyffhäuser-Denkmal, die Leuchtenburg, die Ordensburg Liebstedt, die Runneburg Weißensee und die Wartburg.

Wohin die Reise noch gehen kann

Eine heutigen touristischen Erwartungen entsprechende „Thüringer Burgenstraße" ist im Entstehen. Ein Büchlein wie dieses kann aus dem in Thüringen mehrere hundert Burgen umfassenden Fundus nur einen verschwindend kleinen Teil näher vorstellen. Zumindest benennen wollen wir darum an dieser Stelle einige weitere Anlagen, die den Besuch lohnen:

Steinbach-Hallenberg: Burg Hallenburg | **Windischleuba:** Burg Windischleuba | **Jena OT Kunitz:** Burgruine Gleißberg, auch Kunitzburg | **Jena OT Lobeda:** Burg Lobdeburg | **Elgersburg:** Die Elgersburg | **Schalkau:** Burg Schaumburg | **Wintzingerode:** Burg Bodenstein | **Bad Berka OT Tannroda:** Burg Tannroda | **Bad Frankenhausen:** Hausmannsturm | **Erfurt:** Einstige Festung Cyriaksburg (egapark) | **Ebeleben:** Schloss Ebeleben | **Plaue:** Burg Ehrenburg | **Großlohra:** Burg Lohra | **Arnstadt:** Schloss Neideck

Literatur

- Otto Piper: Burgenkunde, Weltbild Verlag, München 1994
- Wörterbuch der Burgen, Schlösser und Festungen, Reclam Verlag, Stuttgart 2004
- Dehio Handbuch Thüringen, Deutscher Kunstverlag, München 2003
- Peter Aufgebauer; Hans Patze: Historische Stätten Thüringen, Kröner Verlag, 2. Aufl., Stuttgart 1989
- Carl Eduard Vehse: Die Höfe zu Thüringen, Kiepenheuer Verlag, Leipzig 1994
- Residenz-Schlösser in Thüringen, quartus Verlag, Jena 1998
- Heinz Stade: Thürigen – Land der Residenzen, Verlag Thüringer Allgemeine, Erfurt 2004
- Michael Köhler: Thüringer Burgen und befestigte vor- und frühgeschichtliche Wohnplätze, Jenzig-Verlag, Jena 2010

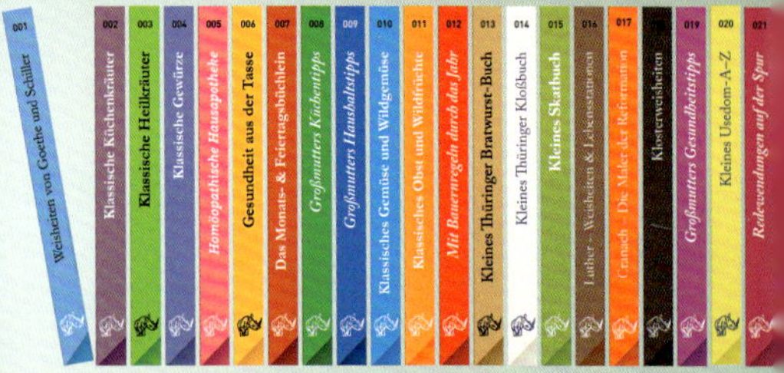
001 Weisheiten von Goethe und Schiller
002 Klassische Küchenkräuter
003 Klassische Heilkräuter
004 Klassische Gewürze
005 Homöopathische Hausapotheke
006 Gesundheit aus der Tasse
007 Das Monats- & Feiertagsbüchlein
008 Großmutters Küchentipps
009 Großmutters Haushaltstipps
010 Klassisches Gemüse und Wildgemüse
011 Klassisches Obst und Wildfrüchte
012 Mit Bauernregeln durch das Jahr
013 Kleines Thüringer Bratwurst-Buch
014 Kleines Thüringer Kloßbuch
015 Kleines Skatbuch
016 Luther – Weisheiten & Lebensstationen
017 Cranach – Die Maler der Reformation
Klosterweisheiten
019 Großmutters Gesundheitstipps
020 Kleines Usedom-A–Z
021 Redewendungen auf der Spur

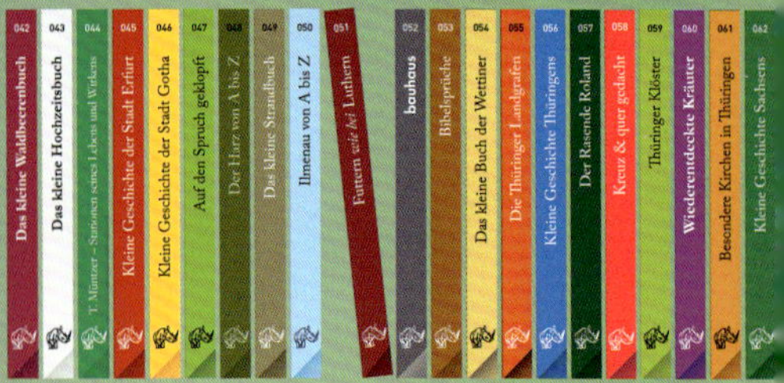
042 Das kleine Waldbeerenbuch
043 Das kleine Hochzeitsbuch
044 T. Müntzer – Stationen seines Lebens und Wirkens
045 Kleine Geschichte der Stadt Erfurt
046 Kleine Geschichte der Stadt Gotha
047 Auf den Spruch geklopft
048 Der Harz von A bis Z
049 Das kleine Strandbuch
050 Ilmenau von A bis Z
051 Futtern wie bei Luthern
052 bauhaus
053 Bibelsprüche
054 Das kleine Buch der Wettiner
055 Die Thüringer Landgrafen
056 Kleine Geschichte Thüringens
057 Der Rasende Roland
058 Kreuz & quer gedacht
059 Thüringer Klöster
060 Wiederentdeckte Kräuter
061 Besondere Kirchen in Thüringen
062 Kleine Geschichte Sachsens

Unser komplettes Programm finden Sie im Internet unter: shop.vggh.de

ULF ANNEL
Die deutsche Sprache ist ein
WITZ
RHINOVERLAG

Ulf Annel
CHRISTIAN MORGENSTERN
RHINOVERLAG

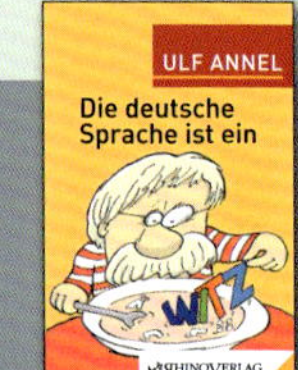

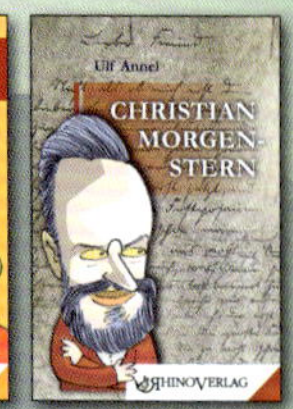

Neuerscheinungen Frühjahr 2021

Die Rhino-Westentaschen-Bibliothek

RHINOVERLAG